Capítulo 1: Introducción al Mundo del Influencer Marketing

Definición de influencer marketing

El influencer marketing se ha convertido en una de las estrategias más efectivas en el ámbito del marketing digital. En su esencia, se refiere a la colaboración entre marcas y personas influyentes, quienes tienen la capacidad de impactar las decisiones de compra de su audiencia a través de contenido auténtico y atractivo. Esta dinámica se basa en la confianza que los seguidores depositan en los influencers, quienes a menudo son percibidos como expertos o figuras cercanas en sus respectivos nichos. Para los creadores emergentes, entender esta definición es crucial para aprovechar al máximo las oportunidades que ofrece este enfoque.

A medida que las plataformas de redes sociales, como Tiktok, Youtube e Instagram, han crecido en popularidad, también lo ha hecho el papel de los influencers en la promoción de productos y servicios. Las marcas buscan asociarse con figuras que no solo tengan una gran cantidad de seguidores, sino que también compartan valores y una estética que resuene con su público objetivo. Esta conexión auténtica es la clave para generar engagement y, a su vez, convertir interacciones en ventas. Por lo tanto, el influencer marketing no se trata solo de números, sino de construir relaciones significativas entre marcas y consumidores.

Además, el influencer marketing se adapta a diferentes escalas de influencia. Mientras que las grandes marcas suelen trabajar con macroinfluencers que tienen millones de seguidores, las empresas más pequeñas y las startups encuentran en los microinfluencers una opción más viable y efectiva. Estos creadores, a menudo con comunidades más reducidas pero altamente comprometidas, pueden ofrecer un enfoque más personalizado y auténtico, lo que se traduce en una mayor tasa de conversión. Esta segmentación permite a las marcas diversificar sus estrategias y llegar a nichos específicos que pueden estar desatendidos.

Para los creadores de contenidos, es fundamental reconocer cómo su contenido puede alinearse con las necesidades y deseos de las marcas. La creación de contenido que no solo promocione un producto, sino que también aporte valor a la audiencia, es esencial para el éxito del influencer marketing. Esto puede incluir tutoriales, reseñas honestas, o incluso desafíos y colaboraciones que involucren a la comunidad. Al hacerlo, los creadores no solo fortalecen su relación con sus seguidores, sino que también se posicionan como socios valiosos para las marcas.

Finalmente, el futuro del influencer marketing parece prometedor, ya que sigue evolucionando con el avance de la tecnología y las plataformas digitales. La inteligencia artificial y el análisis de datos permiten a las marcas identificar a los influencers más adecuados para sus campañas, optimizando así sus esfuerzos de marketing. Para los creadores emergentes, esto representa una oportunidad única: al comprender y aplicar las estrategias del influencer marketing, pueden no solo crecer en su carrera, sino también contribuir a la transformación del panorama del marketing digital en su conjunto.

La evolución de los creadores de contenido

La evolución de los creadores de contenido ha sido un fenómeno notable en la última década, transformando la forma en que consumimos y compartimos información. Desde los primeros blogs hasta la explosión de plataformas como YouTube y TikTok, la trayectoria de estos creadores ha estado marcada por la innovación constante y la adaptación a nuevas tendencias. Hoy en día, los creadores de contenido no solo son productores de entretenimiento, sino que también desempeñan un papel crucial en las estrategias de marketing digital, convirtiéndose en aliados fundamentales para marcas que buscan conectar con audiencias específicas.

Uno de los cambios más significativos en esta evolución ha sido la democratización de la creación de contenido. Las herramientas tecnológicas han avanzado de tal manera que cualquier persona con un smartphone y conexión a internet puede convertirse en creador. Esta accesibilidad ha permitido que surjan voces diversas y auténticas, especialmente en nichos como el de los microinfluencers. Estos creadores, a menudo con menos de 100,000 seguidores, han demostrado ser extremadamente efectivos para construir relaciones más cercanas y auténticas con sus audiencias, lo que a su vez ha llevado a un mayor interés por parte de las marcas en colaborar con ellos.

A medida que la industria ha evolucionado, también lo han hecho las estrategias de marketing dirigidas a estos creadores. Las marcas han comenzado a reconocer el poder del contenido generado por los usuarios y la influencia que estos creadores tienen sobre sus seguidores. Esto ha llevado a un auge en el uso de campañas de marketing de influencers, donde se busca que los creadores de contenido integren productos y servicios de manera orgánica en sus publicaciones. La clave aquí es la autenticidad; los seguidores valoran las recomendaciones que sienten genuinas y no como simples anuncios.

Además, la evolución de los algoritmos en plataformas como Instagram, Tiktok, Youtube e Instagram ha modificado la manera en que los creadores se relacionan con su audiencia. Comprender cómo funcionan estos algoritmos se ha vuelto esencial para maximizar el alcance y la visibilidad del contenido. Los creadores ahora deben estar al tanto de las tendencias virales, los formatos de contenido que capturan la atención y las mejores horas para publicar. Adaptarse a estos cambios no solo es importante para su crecimiento personal, sino también para las marcas que buscan asociarse con ellos.

Finalmente, el futuro de los creadores de contenido parece prometedor, pero también desafiante. La saturación del mercado y la constante necesidad de innovar pueden ser obstáculos significativos. Sin embargo, aquellos que logren mantenerse auténticos y conectados con su audiencia, mientras utilizan estrategias de marketing efectivas, estarán en una posición privilegiada. La evolución de los creadores de contenido es una historia en constante desarrollo, y es esencial que tanto los creadores como las marcas se adapten a las nuevas realidades para seguir siendo relevantes en este panorama digital en constante cambio.

Importancia del marketing digital en la actualidad

El marketing digital ha transformado la manera en que las marcas se comunican con sus audiencias. En la actualidad, el mundo está cada vez más interconectado gracias a las plataformas digitales, lo que ha permitido a los creadores de contenido, como creadores de contenidos, alcanzar un público global. Este fenómeno no solo ha democratizado el acceso a la fama y la influencia, sino que también ha generado un entorno donde las estrategias de marketing digital son esenciales para destacar en un mar de competidores. Para los microinfluencers, entender la importancia del marketing digital es crucial para maximizar su impacto y crecimiento en el sector.

Uno de los aspectos más relevantes del marketing digital es su capacidad para ofrecer datos en tiempo real sobre el comportamiento y las preferencias de los consumidores. Plataformas como Tiktok, Youtube e Instagram proporcionan herramientas analíticas que permiten a los creadores comprender mejor a su audiencia. Esta información es invaluable, ya que permite a los influencers ajustar su contenido y sus estrategias en función de lo que realmente resuena con su público. La personalización del contenido, basada en datos concretos, se ha vuelto una práctica común que puede marcar la diferencia entre un video viral y uno que pasa desapercibido.

Además, el marketing digital ofrece múltiples canales de promoción que los creadores pueden utilizar para amplificar su mensaje. Desde el uso de redes sociales hasta el correo electrónico y la publicidad pagada, las opciones son vastas y variadas. Para los creadores de contenidos, esto significa que pueden diversificar sus estrategias de marketing y no depender únicamente de una plataforma. Al combinar diferentes canales, no solo aumentan su visibilidad, sino que también pueden interactuar con su audiencia de maneras que fomenten una comunidad más comprometida y leal.

La colaboración es otro pilar fundamental del marketing digital en la actualidad. Los microinfluencers, al tener audiencias más pequeñas pero altamente comprometidas, tienen la oportunidad de colaborar con marcas de manera auténtica. Estas colaboraciones no solo benefician a los creadores al ofrecerles productos y servicios relevantes, sino que también ayudan a las marcas a llegar a nichos específicos de manera efectiva. En un entorno donde la autenticidad es valorada, las alianzas estratégicas se convierten en una herramienta poderosa para ambos lados.

Finalmente, la adaptación constante es una característica esencial del marketing digital. Las plataformas y sus algoritmos están en constante evolución, lo que requiere que los creadores de contenido se mantengan actualizados sobre las últimas tendencias y cambios. Esto no solo incluye aprender a utilizar nuevas funciones y formatos, sino también entender el comportamiento de la audiencia y las nuevas preferencias que emergen. Para TikTokers, YouTubers y freelancers de marketing, estar al tanto de estas dinámicas es vital para mantener la relevancia y el éxito a largo plazo en el mundo digital.

Capítulo 2: Conociendo a tu Audiencia

Identificación de tu público objetivo

La identificación de tu público objetivo es un paso crucial en cualquier estrategia de marketing, especialmente para creadores de contenido como tu. Comprender quiénes son tus seguidores potenciales te permitirá adaptar tu mensaje y contenido de manera que resuene con ellos. Esto no solo incrementa la efectividad de tus campañas, sino que también fomenta una relación más cercana y auténtica con tu audiencia.

Para comenzar, es fundamental realizar una investigación demográfica de tu público. Esto incluye aspectos como la edad, género, ubicación geográfica e intereses. Plataformas como Tiktok, Youtube e Instagram ofrecen herramientas analíticas que te ayudan a obtener datos sobre los espectadores de tus videos. Al conocer las características demográficas de tu audiencia, podrás crear contenido que les atraiga y hable su lenguaje, aumentando así tus posibilidades de éxito.

Además de la demografía, es importante entender la psicografía de tu público objetivo. Esto implica explorar sus valores, creencias, comportamientos y estilos de vida. Pregúntate qué les motiva a seguir a creadores como tú y qué tipo de contenido buscan. Por ejemplo, si te enfocas en el marketing, es probable que tu audiencia esté interesada en aprender estrategias prácticas que puedan aplicar en sus propios proyectos. Conocer estos detalles te permitirá ofrecer contenido relevante y valioso para ellos.

No subestimes el poder de la segmentación. Al identificar subgrupos dentro de tu audiencia, puedes personalizar aún más tu contenido y estrategias de marketing. Por ejemplo, si descubres que tienes un fuerte grupo de seguidores interesados en el marketing digital, podrías crear una serie de videos específicamente enfocados en tendencias y herramientas de esta área. La segmentación te ayuda a ser más eficiente en tus esfuerzos y a maximizar el impacto de tu mensaje.

Finalmente, no olvides la importancia de la interacción. Utiliza encuestas, comentarios y mensajes directos para conocer mejor a tu audiencia. Al involucrar a tus seguidores en la creación de contenido, no solo obtienes información valiosa sobre sus preferencias, sino que también fortaleces la conexión con ellos. Recuerda que en el mundo del marketing digital, la relación con tu público es tan importante como el contenido que produces. Al identificar y comprender a tu público objetivo, estarás mejor preparado para convertirte en un influencer exitoso y relevante en tu nicho.

Herramientas para el análisis de audiencia

El análisis de audiencia es un componente esencial en cualquier estrategia de marketing digital, especialmente para creadores emergentes como creadores de contenidos. Comprender quiénes son tus seguidores, qué les interesa y cómo interactúan con tu contenido puede marcar la diferencia entre el éxito y el fracaso. Para lograrlo, existen diversas herramientas que facilitan el análisis de audiencia, permitiendo a los creadores adaptar su contenido y estrategias de marketing de manera efectiva.

Una de las herramientas más populares para el análisis de audiencia es Google Analytics. Aunque a menudo se asocia con sitios web, también puede ser útil para youtubers que deseen comprender mejor el tráfico que reciben en sus canales. Esta herramienta permite rastrear la demografía de los visitantes, sus comportamientos y las fuentes de tráfico, proporcionando datos valiosos que pueden ayudar a los creadores a optimizar su contenido. Con esta información, es posible identificar qué tipo de vídeos generan más interacción y cuáles son los temas que realmente interesan a la audiencia.

Para los tiktokers, TikTok Analytics es una herramienta imprescindible. Esta plataforma ofrece información detallada sobre el rendimiento de los vídeos, incluyendo el número de visualizaciones, la tasa de interacción y la demografía de los seguidores. A través de TikTok Analytics, los creadores pueden descubrir qué contenidos resuenan mejor con su audiencia y ajustar sus estrategias en consecuencia. Además, permite segmentar la audiencia en función de diferentes criterios, lo que facilita la creación de contenido más personalizado y atractivo.

Otra herramienta que no se puede pasar por alto es Hootsuite, que, aunque es principalmente una herramienta de gestión de redes sociales, también ofrece opciones de análisis de audiencia. Permite a los creadores monitorear su presencia en diferentes plataformas, analizar el rendimiento de las publicaciones y obtener informes detallados sobre la interacción de la audiencia. Esto es especialmente útil para freelancers de marketing que trabajan con varios clientes, ya que les permite realizar un seguimiento integral del rendimiento de las campañas y ajustar las estrategias según sea necesario.

Finalmente, es fundamental mencionar herramientas como Brandwatch o Sprout Social, que ofrecen análisis más profundos y avanzados. Estas plataformas permiten realizar un seguimiento de menciones de marca, tendencias y conversaciones en redes sociales, brindando información sobre cómo percibe la audiencia al creador o a su contenido. Utilizar este tipo de herramientas puede ayudar a los microinfluencers a entender mejor su posición en el mercado y a desarrollar estrategias de marketing más efectivas y dirigidas. Con un análisis exhaustivo y una comprensión clara de su audiencia, los creadores emergentes pueden maximizar su impacto y construir comunidades sólidas y comprometidas.

Creación de perfiles de usuario

La creación de perfiles de usuario es un paso fundamental para cualquier creador que aspire a convertirse en un influencer exitoso en plataformas como TikTok, YouTube o Instagram. Estos perfiles no solo sirven como una carta de presentación ante la audiencia, sino que también son herramientas estratégicas para atraer colaboraciones con marcas y monetizar contenido. Un perfil bien elaborado puede marcar la diferencia entre ser un creador más en la multitud o destacarse como una voz influyente en el ámbito del marketing digital.

El primer aspecto a considerar en la creación de un perfil de usuario es la identificación del público objetivo. Es crucial conocer a quién se quiere dirigir, ya que esto influirá en todos los elementos del perfil, desde la biografía hasta las imágenes utilizadas. Los creadores deben investigar las características demográficas de su audiencia ideal, como la edad, el género y los intereses, para poder adaptar su mensaje y estilo de comunicación de forma efectiva. Por ejemplo, un TikToker que se especializa en moda juvenil deberá utilizar un lenguaje y estética visual que resuene con un público adolescente.

Otro elemento clave es la autenticidad. Los usuarios de plataformas sociales valoran cada vez más la genuinidad en los perfiles que siguen, así que es esencial que los creadores reflejen su verdadera personalidad y pasiones. Al incorporar elementos personales en la biografía, como hobbies o valores, se establece una conexión más profunda con la audiencia. Esto no solo ayuda a construir una base de seguidores leales, sino que también facilita que las marcas identifiquen alineaciones auténticas para futuras colaboraciones.

La consistencia en la presentación del perfil es igualmente importante. Desde la elección de un nombre de usuario hasta la selección de imágenes de perfil y portadas, todo debe estar alineado con la marca personal que se desea proyectar. Utilizar una paleta de colores coherente y un estilo visual uniforme en los contenidos puede ayudar a crear una identidad distintiva que los seguidores reconozcan fácilmente. Esta consistencia también se extiende al tono de comunicación; un creador que mantiene un estilo humorístico en sus videos debería reflejar esa misma energía en su perfil.

Finalmente, es recomendable que los creadores mantengan su perfil actualizado y optimizado. Esto incluye revisar regularmente la biografía, añadir enlaces a proyectos recientes y ajustar las configuraciones de privacidad según sea necesario. Además, estar al tanto de las tendencias y adaptarse a las nuevas funcionalidades que ofrecen las plataformas puede ser una ventaja competitiva. Al dedicar tiempo a la creación y el mantenimiento de un perfil de usuario atractivo y funcional, los creadores emergentes se posicionan para alcanzar sus objetivos de influencia y alcanzar el éxito en el competitivo mundo del marketing digital.

Capítulo 3: Estrategias de Contenido

Tipos de contenido que resuenan

En el mundo del marketing digital, es crucial entender qué tipos de contenido resuenan con la audiencia. Para creadores de contenido y freelancers de marketing, crear contenido que conecte emocionalmente con los seguidores no solo aumenta la visibilidad, sino que también fortalece la lealtad a la marca. Este subcapítulo explorará diversos tipos de contenido que han demostrado ser efectivos en atraer y mantener la atención del público, especialmente para aquellos en el ámbito de microinfluencers.

Uno de los tipos de contenido más impactantes es el storytelling, o narración de historias. Los usuarios de plataformas como Tiktok, Youtube e Instagram disfrutan de relatos que pueden ser personales, educativos o inspiracionales. Las historias permiten a los creadores establecer una conexión auténtica con su audiencia, ya que a través de ellas pueden compartir experiencias y emociones. Este enfoque no solo humaniza al influencer, sino que también fomenta la empatía y la identificación, elementos clave para construir una comunidad sólida.

El contenido educativo también resuena profundamente con los seguidores. En un entorno donde la información es abundante, las audiencias valoran los recursos que les enseñan algo nuevo. Para los creadores de contenidos, esto puede manifestarse en tutoriales, consejos prácticos o análisis de tendencias del marketing. Este tipo de contenido no solo demuestra la autoridad del creador en su nicho, sino que también proporciona valor tangible a los espectadores, lo que puede traducirse en un mayor compromiso y en la fidelización de la audiencia.

Otro tipo de contenido que ha demostrado ser efectivo es el contenido visual atractivo. Las plataformas de video, como Tiktok, Youtube e Instagram, son ideales para la creación de contenido que combina elementos visuales impactantes con una narrativa cautivadora. Utilizar gráficos, animaciones y edición creativa puede hacer que el contenido destaque en un mar de publicaciones. Los creadores que invierten tiempo en la producción de videos visualmente atractivos a menudo obtienen mejores tasas de retención y compartición, lo que amplifica su alcance.

Finalmente, el contenido colaborativo se ha convertido en una estrategia esencial para los influencers emergentes. Colaborar con otros creadores no solo amplía la audiencia, sino que también aporta frescura y diversidad al contenido. Las alianzas estratégicas pueden resultar en proyectos innovadores que atraen la atención de seguidores de ambas partes, generando así un efecto multiplicador. Para los microinfluencers, estas colaboraciones pueden ser una excelente forma de crecer en su nicho y aprovechar la influencia de otros creadores, creando una red de apoyo dentro de la comunidad.

Planificación y calendarización de contenido

La planificación y calendarización de contenido es fundamental para cualquier creador que aspire a convertirse en un influencer exitoso. Tanto TikTokers como YouTubers deben entender que la consistencia y la calidad son claves para captar y mantener la atención de su audiencia. Este proceso no solo ayuda a estructurar el contenido de manera efectiva, sino que también permite a los creadores alinearse con sus objetivos de marketing y establecer una conexión más sólida con sus seguidores. Al crear un calendario, se pueden identificar las tendencias relevantes y los momentos óptimos para publicar, lo que maximiza la visibilidad y el engagement.

El primer paso en la planificación de contenido es definir claramente la audiencia objetivo. Conocer quiénes son sus seguidores, qué les interesa y cuáles son sus hábitos en las redes sociales permite a los creadores desarrollar contenido que resuene con ellos. Una investigación de mercado puede ser útil para recopilar datos demográficos, preferencias y comportamientos de la audiencia. Esta información servirá de base para determinar el tipo de contenido que se debe crear, así como los formatos y plataformas más adecuados para su distribución.

Una vez que se ha definido la audiencia, es esencial establecer objetivos claros y medibles. Estos objetivos pueden variar desde aumentar el número de seguidores hasta mejorar el engagement o promocionar productos específicos. Al tener metas concretas, los creadores pueden diseñar su contenido de manera estratégica, asegurándose de que cada publicación contribuya a alcanzar esos objetivos. Asimismo, es recomendable utilizar herramientas de análisis que permitan monitorear el rendimiento del contenido y ajustar la estrategia en base a los resultados obtenidos.

La calendarización del contenido no solo implica elegir las fechas y horas de publicación, sino también planificar el tipo de contenido que se compartirá en cada ocasión. Es útil crear un calendario mensual o semanal que incluya temas, formatos y plataformas. Esto no solo facilita la organización, sino que también ayuda a evitar la improvisación, que a menudo puede conducir a contenido de menor calidad. Además, al distribuir el contenido de manera equilibrada, se pueden abordar diferentes aspectos de la marca personal y mantener a la audiencia interesada.

Finalmente, es crucial ser flexible y adaptable en la planificación de contenido. Las tendencias en redes sociales pueden cambiar rápidamente, y los creadores deben estar preparados para ajustar su calendario si surge una nueva oportunidad o un tema relevante. La interacción con la audiencia también puede proporcionar valiosos insights que guiarán futuras publicaciones. En resumen, una buena planificación y calendarización del contenido no solo optimiza el tiempo y los recursos, sino que también establece una base sólida para el crecimiento y el éxito en el competitivo mundo del marketing digital.

Uso de tendencias y hashtags

El uso de tendencias y hashtags es fundamental para cualquier creador de contenido en plataformas como Tiktok, Youtube e Instagram. Estas herramientas permiten no solo aumentar la visibilidad de las publicaciones, sino también conectar con una audiencia más amplia. Las tendencias representan temas o formatos populares en un momento dado, mientras que los hashtags son etiquetas que ayudan a categorizar contenido. Comprender cómo funcionan y cómo se pueden aprovechar es crucial para el éxito en el marketing digital.

Para empezar, es importante identificar las tendencias que resuenan con tu nicho. Cada semana, nuevas tendencias emergen en Tiktok, Youtube e Instagram, y lo que puede ser popular en un momento puede desvanecerse rápidamente. Realizar un seguimiento constante de los desafíos virales, los bailes, o incluso los formatos de video que están ganando tracción es una estrategia efectiva. Herramientas como Google Trends, TikTok Discover y las páginas de tendencias de YouTube pueden ser recursos valiosos para identificar qué está captando la atención del público en tiempo real.

Los hashtags, por su parte, juegan un papel crítico en la optimización de contenido. Usar hashtags relevantes puede mejorar significativamente el alcance de un video, ya que facilitan que los usuarios encuentren contenido relacionado. Es recomendable combinar hashtags de alta popularidad con otros más específicos y menos utilizados. Esta estrategia permite que el contenido aparezca tanto en búsquedas generales como en nichos concretos, aumentando así las posibilidades de interacción y engagement.

Además, es esencial no abusar de los hashtags. Aunque puede ser tentador incluir una larga lista de etiquetas, esto puede diluir el mensaje y confundir a la audiencia. En lugar de ello, enfócate en seleccionar entre cinco y diez hashtags que sean realmente relevantes para la publicación. Esto no solo mejora la calidad de tu contenido, sino que también muestra a tus seguidores que valoras la claridad y la coherencia en lo que compartes.

Finalmente, interactuar con las tendencias y hashtags no es suficiente por sí solo. Es crucial analizar el rendimiento de cada publicación para entender qué está funcionando y qué no. Las plataformas ofrecen estadísticas que permiten ver el alcance, las visitas y la interacción que generan diferentes publicaciones. Con esta información, los creadores pueden ajustar sus estrategias, experimentar con nuevos tipos de contenido y, en última instancia, construir una comunidad más sólida y comprometida. Utilizar tendencias y hashtags de manera efectiva es, sin duda, una de las claves para crecer y destacar en el competitivo mundo del marketing digital.

Capítulo 4: Plataformas y Canales de Difusión

Comparativa de plataformas: TikTok vs YouTube

En el panorama actual de las redes sociales, Tiktok, Youtube e Instagram se han consolidado como dos de las plataformas más influyentes para creadores y marketers. Ambas ofrecen oportunidades únicas, pero también presentan características distintas que pueden impactar la estrategia de contenido de un influencer o un profesional del marketing. En esta comparativa, exploraremos las diferencias y similitudes entre Tiktok, Youtube e Instagram, ayudando a los creadores emergentes a elegir la plataforma más adecuada para su enfoque y objetivos.

TikTok se caracteriza por su contenido efímero y dinámico, permitiendo a los usuarios crear videos cortos que capturan la atención de la audiencia en segundos. Es una plataforma donde la creatividad y la autenticidad son clave, lo que facilita la viralidad de los contenidos. Por otro lado, YouTube se enfoca en videos más largos y detallados, ofreciendo a los creadores la oportunidad de profundizar en temas específicos y construir narrativas complejas. Esta diferencia en la duración y el estilo de los videos afecta la forma en que los creadores deben planificar su contenido y cómo interactúan con su audiencia.

En términos de monetización, YouTube ofrece un programa de socios que permite a los creadores generar ingresos a través de anuncios, membresías y superchats. TikTok, aunque ha implementado algunas opciones de monetización, como su Fondo para Creadores, aún se encuentra en desarrollo en este aspecto. Esto significa que, para aquellos que buscan una fuente de ingresos más estable y predecible, YouTube puede ser una opción más atractiva. Sin embargo, la naturaleza viral de TikTok puede ofrecer oportunidades de colaboración y promoción que podrían traducirse en ingresos a corto plazo.

La audiencia de ambas plataformas también presenta diferencias significativas. TikTok tiende a atraer a un público más joven, con una base de usuarios que busca entretenimiento rápido y contenido divertido. En contraste, YouTube tiene un público más amplio y diverso, que abarca diferentes grupos de edad y preferencias de contenido. Por lo tanto, los creadores deben considerar a quién quieren llegar antes de decidir en qué plataforma concentrar sus esfuerzos. Esto también influye en el tipo de contenido que se produce y en cómo se presenta.

Finalmente, la elección entre Tiktok, Youtube e Instagram no debe basarse únicamente en las características de cada plataforma, sino también en la personalidad y los objetivos del creador. Algunos pueden encontrar que la inmediatez y el enfoque creativo de TikTok se alineen mejor con su estilo, mientras que otros pueden preferir la profundidad y la estructura que ofrece YouTube. Al evaluar estas diferencias, los creadores emergentes podrán desarrollar estrategias de marketing más efectivas y adaptadas a sus necesidades, potenciando así su camino hacia el éxito como influencers.

Optimización de perfiles para atraer seguidores

La optimización de perfiles es un aspecto crucial para cualquier creador de contenido que busque atraer seguidores y construir una comunidad sólida. En plataformas como Tiktok, Youtube e Instagram, donde la competencia es feroz, es esencial destacar entre la multitud. Un perfil bien diseñado no solo refleja la personalidad del creador, sino que también comunica de manera efectiva el valor que se ofrece a los seguidores. Esto incluye desde la elección del nombre de usuario hasta la selección de imágenes y descripciones que resalten las habilidades y el enfoque del creador.

El primer paso para optimizar un perfil es elegir un nombre de usuario que sea fácil de recordar y que represente claramente la temática del contenido. Un nombre pegajoso y relevante facilita que los usuarios te encuentren y te reconozcan. Además, es recomendable mantener la coherencia en las diferentes plataformas. Si eres un creador que esta activo en varias redes, usar el mismo nombre de usuario ayuda a construir una marca personal sólida y aumenta la posibilidad de que los seguidores te busquen en otros canales.

Otro elemento clave es la biografía o descripción del perfil. Este espacio limitado debe ser utilizado de manera estratégica para comunicar quién eres, qué tipo de contenido produces y qué pueden esperar los seguidores de ti. Utilizar palabras clave relacionadas con tu nicho no solo mejorará tu visibilidad en las búsquedas, sino que también atraerá a un público más específico. Considera incluir un llamado a la acción, como invitar a los usuarios a seguirte o a visitar tu canal para conocer más sobre tus proyectos.

Las imágenes de perfil y banners también juegan un papel fundamental en la optimización del perfil. Una foto de perfil clara y atractiva, que represente tu marca personal, puede hacer que los usuarios se sientan más inclinados a hacer clic en tu perfil. Del mismo modo, un banner bien diseñado puede proporcionar una vista previa de tu contenido y estilo, capturando la atención de los visitantes. Asegúrate de que estos elementos visuales sean de alta calidad y que se alineen con la estética de tu marca.

Finalmente, la interacción con la audiencia es un aspecto que no se debe pasar por alto en la optimización del perfil. Responder a comentarios, agradecer a los seguidores por su apoyo y fomentar la participación en tus publicaciones ayuda a crear una comunidad más comprometida. Esto no solo atraerá a nuevos seguidores, sino que también fortalecerá la lealtad de los existentes. Al optimizar cada elemento de tu perfil, no solo mejorarás tu presencia en línea, sino que también estarás en un mejor lugar para convertirte en un influencer exitoso en tu nicho.

Creación de contenido multiplataforma

La creación de contenido multiplataforma se ha convertido en una estrategia esencial para los creadores emergentes que buscan maximizar su alcance y conectar con diversas audiencias. En un entorno digital donde las preferencias de consumo varían entre plataformas, es vital adaptar el contenido a cada medio sin perder la esencia de la marca personal. TikTok, YouTube, Instagram y otras redes sociales ofrecen oportunidades únicas para interactuar con los seguidores, y entender cómo cada plataforma puede complementar a las demás es clave para el éxito.

Para empezar, es fundamental conocer las características de cada plataforma. TikTok se centra en videos cortos y dinámicos, ideales para captar la atención rápidamente. Por otro lado, YouTube permite un formato más largo y detallado, lo que facilita la profundización en temas específicos. Instagram, con su enfoque visual, es perfecto para compartir imágenes impactantes y breves videos. Al crear contenido multiplataforma, los creadores deben considerar qué tipo de información o entretenimiento es más adecuado para cada red, adaptando el mensaje y el formato a las expectativas del público.

La reutilización de contenido es una técnica efectiva que muchos creadores utilizan para optimizar el tiempo y los recursos. Por ejemplo, un video de YouTube puede ser editado en cortes más cortos y compartido en TikTok, mientras que las imágenes destacadas del video pueden usarse en publicaciones de Instagram. Sin embargo, es crucial que esta reutilización no se sienta como un mero reciclaje, sino como una adaptación que aporte valor adicional a cada audiencia. Esto hará que los seguidores sientan que reciben contenido fresco y relevante en cada plataforma.

Además, la creación de contenido multiplataforma fomenta la sinergia entre redes sociales. Promocionar el contenido de una plataforma en otra puede aumentar la visibilidad y el engagement. Un TikToker puede invitar a su audiencia a ver un video más extenso en YouTube, mientras que un YouTuber puede utilizar historias de Instagram para compartir avances o detrás de cámaras. Esta interconexión no solo amplía el alcance, sino que también ayuda a construir una comunidad más sólida y comprometida, ya que los seguidores se sienten parte de una experiencia más integral.

Finalmente, al implementar una estrategia de creación de contenido multiplataforma, es esencial monitorear y analizar el rendimiento en cada red. Las métricas de engagement, visualizaciones y conversiones ofrecen información valiosa sobre qué tipo de contenido resuena mejor con cada audiencia. Esta información permitirá a los creadores ajustar sus estrategias y seguir evolucionando en un entorno digital que está en constante cambio. En un mundo donde la competencia es feroz, la adaptabilidad y la creatividad en la creación de contenido multiplataforma son determinantes para consolidarse como un influencer relevante y exitoso.

Capítulo 5: Construyendo tu Marca Personal

Elementos clave de una marca personal

La marca personal es una herramienta fundamental para quienes desean destacar en el competitivo mundo del marketing digital, especialmente para TikTokers, YouTubers y freelancers de marketing. En este contexto, los elementos clave de una marca personal no solo ayudan a construir una identidad sólida, sino que también permiten establecer una conexión auténtica y duradera con la audiencia. Reconocer estos elementos es esencial para quienes buscan convertirse en microinfluencers y potenciar su presencia en línea.

Uno de los elementos más importantes de una marca personal es la autenticidad. En un entorno donde la transparencia es valorada, mostrar la verdadera personalidad y valores puede marcar la diferencia entre atraer o alejar a la audiencia. Los creadores de contenido deben ser fieles a sí mismos, compartiendo sus pasiones, opiniones y experiencias de manera honesta. Esta autenticidad no solo genera confianza, sino que también permite que los seguidores se sientan identificados y conectados emocionalmente con el creador.

Otro aspecto clave es la coherencia. La consistencia en la comunicación y en la estética de los contenidos publicados es vital para fortalecer una marca personal. Esto incluye la elección de paletas de colores, tipografías, y el estilo visual en las plataformas. Además, es importante mantener un tono de voz uniforme en todas las interacciones, ya sea en videos, publicaciones o comentarios. La coherencia ayuda a que la audiencia reconozca y recuerde la marca, facilitando la construcción de una comunidad leal.

La diferenciación también juega un papel crucial en la creación de una marca personal efectiva. En un mercado saturado, es esencial destacar entre la multitud. Esto implica identificar y resaltar lo que te hace único, ya sea un enfoque particular en el contenido, un estilo narrativo distintivo o una especialización en un nicho específico. Al comunicar claramente estos aspectos diferenciales, los creadores pueden captar la atención de su público objetivo y atraer seguidores que valoren esa singularidad.

Por último, la interacción con la audiencia es un elemento que no se puede pasar por alto. Fomentar una relación bidireccional permite a los creadores no solo recibir feedback, sino también construir una comunidad activa y comprometida. Responder a comentarios, realizar encuestas y aprovechar las herramientas interactivas de las plataformas son formas efectivas de involucrar a los seguidores. Esta interacción no solo refuerza la conexión emocional, sino que también proporciona valiosos insights sobre lo que la audiencia desea y espera, lo que es esencial para el crecimiento sostenible de la marca personal.

Consistencia en la comunicación de la marca

La consistencia en la comunicación de la marca es un elemento fundamental para cualquier creador de contenido que aspire a construir una presencia sólida y reconocible en plataformas como Tiktok, Youtube e Instagram. La forma en que los creadores se comunican con su audiencia no solo refleja su identidad de marca, sino que también influye en la percepción que los seguidores tienen de ellos. Al mantener un mensaje coherente a través de todos los canales y formatos, los influencers pueden establecer una conexión más profunda y duradera con sus seguidores, lo que a su vez fomenta la lealtad y la confianza.

Uno de los aspectos clave de la consistencia en la comunicación de la marca es el uso de un tono y estilo uniformes. Esto implica no solo la elección de palabras y frases, sino también la manera en que se presentan visualmente los contenidos. Por ejemplo, un TikToker que utiliza un lenguaje informal y divertido en sus videos debe asegurarse de que el mismo tono se refleje en sus descripciones, comentarios y otras interacciones. La coherencia en el estilo ayuda a los seguidores a identificar rápidamente el contenido del creador, lo que aumenta la probabilidad de que regresen para consumir más.

Además, la consistencia en la comunicación de la marca abarca también la frecuencia de publicación. Los algoritmos de plataformas como Tiktok, Youtube e Instagram favorecen a aquellos creadores que publican regularmente y de manera predecible. Esto no solo mantiene a la audiencia comprometida, sino que también refuerza la identidad de la marca. Un calendario de contenido bien definido, que incluya temas y formatos específicos, puede ayudar a los creadores a mantenerse organizados y a garantizar que su mensaje sea consistente a lo largo del tiempo.

Es importante también considerar la adaptación del mensaje a diferentes plataformas sin perder la esencia de la marca. Los creadores deben ser capaces de adaptar su contenido a los formatos y públicos específicos de cada red social, mientras se mantienen fieles a su identidad. Por ejemplo, un mismo mensaje puede ser expresado de diversas maneras: un video corto y dinámico en TikTok, un tutorial más extenso en YouTube y una infografía informativa en Instagram. Esta adaptabilidad, combinada con la consistencia, permite que la marca se mantenga relevante en múltiples contextos.

Finalmente, la medición y el análisis de la comunicación de la marca son esenciales para asegurar su consistencia. Los creadores de contenido deben estar atentos a las métricas que indican cómo su audiencia responde a su comunicación. Esto incluye el análisis de comentarios, interacciones y tasas de retención. Al comprender lo que resuena con su audiencia, los creadores pueden ajustar su enfoque, asegurando que su mensaje no solo sea consistente, sino también efectivo. La consistencia en la comunicación de la marca no es solo un objetivo a alcanzar, sino un proceso en constante evolución que requiere atención y adaptación continua.

Casos de éxito de marcas personales

El concepto de marca personal ha evolucionado considerablemente en la era digital, convirtiéndose en un fenómeno clave para los creadores de contenido en plataformas como Tiktok, Youtube e Instagram. A medida que la competencia se intensifica, los influenciadores han entendido la importancia de construir una identidad sólida que resuene con su audiencia. Este subcapítulo explora diversos casos de éxito que ilustran cómo una marca personal bien definida puede catapultar a los creadores de contenido al estrellato, ofreciendo lecciones valiosas para aquellos que buscan dejar huella en el mundo del marketing digital.

Uno de los ejemplos más destacados es el de la influencer de moda y estilo de vida, Aimee Song. A través de su blog y su presencia en Instagram, Aimee logró no solo construir una audiencia leal, sino también establecer su propia línea de ropa. Su autenticidad y capacidad para conectar con su audiencia han sido fundamentales en su éxito. Aimee ha demostrado que al compartir su historia personal y sus intereses, se puede generar una relación auténtica con los seguidores, lo que a su vez se traduce en oportunidades comerciales significativas.

Otro caso relevante es el de Juanpa Zurita, un youtuber mexicano que ha sabido diversificar su contenido, abarcando desde comedia hasta proyectos de impacto social. Su marca personal se basa en el humor y la cercanía, lo que le ha permitido conectar con un amplio espectro de seguidores. Además de su éxito en YouTube, Juanpa ha incursionado en el mundo empresarial con su propia línea de productos y ha colaborado con diversas marcas, demostrando que una marca personal bien gestionada puede abrir puertas a múltiples oportunidades en diferentes industrias.

En el ámbito de TikTok, la creadora de contenido Bella Poarch ha destacado por su estilo único y su capacidad para crear tendencias virales. Con un enfoque en la música y el entretenimiento, Bella ha sabido aprovechar su plataforma para construir una comunidad activa y comprometida. Su éxito radica en la autenticidad de su contenido y su habilidad para interactuar con sus seguidores de manera creativa. Este caso resalta la importancia de adaptarse a las tendencias y de ser versátil en la creación de contenido, lo cual es esencial para el crecimiento de una marca personal en plataformas dinámicas como TikTok.

Finalmente, el caso de la microinfluencer española, Andrea Compton, pone de relieve la relevancia de la autenticidad en nichos específicos. Andrea ha sabido construir una comunidad en torno a su pasión por el cine y la cultura pop, destacando en un mercado saturado. Su enfoque honesto y su capacidad para compartir opiniones y recomendaciones genuinas han atraído a un público fiel. Este ejemplo demuestra que no es necesario tener millones de seguidores para tener éxito; lo crucial es la conexión genuina con la audiencia y la habilidad para ofrecer contenido valioso que resuene con sus intereses. Estos casos de éxito ofrecen valiosas lecciones sobre la construcción de una marca personal, enfatizando la importancia de la autenticidad, la conexión con la audiencia y la adaptación a las tendencias del mercado digital.

Capítulo 6: Estrategias de Crecimiento

Técnicas para aumentar seguidores

En el competitivo mundo de las redes sociales, aumentar la cantidad de seguidores se ha convertido en una prioridad para creadores de contenido, influencers y freelancers de marketing. Para los TikTokers, YouTubers y aquellos que buscan establecerse como microinfluencers, implementar estrategias efectivas es fundamental. A continuación, se detallan diversas técnicas que pueden ayudar a incrementar la audiencia y fortalecer la presencia digital.

Una de las técnicas más efectivas para aumentar seguidores es la creación de contenido de calidad y relevante. Los usuarios buscan autenticidad y valor en los videos o publicaciones que consumen. Es crucial que los creadores identifiquen su nicho y se enfoquen en temas que realmente les apasionen y que resuenen con su audiencia. Al producir contenido que informe, entretenga o inspire, se fomenta el boca a boca y se incrementa la probabilidad de que nuevos seguidores se sumen a la comunidad.

Otra estrategia importante es la colaboración con otros creadores de contenido. Las alianzas estratégicas permiten a los influencers compartir audiencias y llegar a nuevos grupos de personas que podrían estar interesadas en su contenido. Estas colaboraciones pueden tomar la forma de videos conjuntos, menciones en redes sociales o incluso proyectos a largo plazo. Al trabajar con otros, los creadores pueden beneficiarse de la experiencia y la creatividad de sus colegas, lo que puede resultar en un contenido más dinámico y atractivo.

El uso adecuado de hashtags y tendencias también juega un papel crucial en el aumento de seguidores. En plataformas como Tiktok, Youtube e Instagram, los algoritmos priorizan el contenido que utiliza hashtags populares o que se alinea con las tendencias actuales. Al incorporar estos elementos, los creadores pueden mejorar su visibilidad y atraer a un público más amplio. Es recomendable investigar qué hashtags son relevantes para su nicho y utilizarlos de manera estratégica en cada publicación.

La interacción con la audiencia es otro aspecto que no debe ser subestimado. Responder a comentarios, realizar encuestas y fomentar la participación activa en las publicaciones puede generar un sentido de comunidad y lealtad entre los seguidores. Además, este tipo de interacción no solo ayuda a construir relaciones más sólidas, sino que también puede atraer a nuevos seguidores que valoran la comunicación y el compromiso directo con los creadores.

Finalmente, la consistencia es clave para el crecimiento de seguidores. Establecer un calendario de publicaciones ayuda a mantener una presencia regular en las plataformas y a crear expectativas en la audiencia. Los seguidores son más propensos a quedarse si saben cuándo pueden esperar nuevo contenido. Además, la consistencia en el estilo y la temática del contenido refuerza la identidad del creador y facilita que los usuarios reconozcan y recuerden su marca personal. Implementar estas técnicas puede ser un gran paso hacia el éxito en el mundo digital y ayudar a los creadores a alcanzar sus objetivos de crecimiento.

Colaboraciones y networking con otros creadores

En el mundo digital actual, las colaboraciones y el networking se han vuelto esenciales para el crecimiento de cualquier creador. Para TikTokers, YouTubers y freelancers de marketing, establecer conexiones con otros creadores puede abrir puertas a nuevas oportunidades y aumentar la visibilidad de su contenido. Las colaboraciones no solo permiten llegar a audiencias más amplias, sino que también enriquecen el contenido al combinar diferentes estilos, enfoques y perspectivas. Por lo tanto, es crucial entender cómo llevar a cabo estas colaboraciones de manera efectiva y estratégica.

Las colaboraciones pueden tomar muchas formas, desde videos conjuntos y menciones hasta promociones cruzadas en redes sociales. Para maximizar el impacto de estas iniciativas, es importante elegir a los colaboradores adecuados. Buscar creadores que compartan una audiencia similar o complementaria y que tengan valores alineados con los propios puede ser fundamental para el éxito de la colaboración. Además, la autenticidad es clave; las audiencias pueden detectar cuando una colaboración se siente forzada o poco genuina, lo que puede perjudicar la reputación de ambos creadores.

El networking no solo implica buscar colaboraciones, sino también construir relaciones a largo plazo con otros profesionales del sector. Participar en eventos, webinars y foros de discusión puede ser una excelente manera de conocer a otros creadores y expertos en marketing. Estas interacciones no solo pueden dar lugar a colaboraciones futuras, sino que también pueden ofrecer valiosos consejos y aprendizajes que pueden aplicarse a tus propias estrategias. La creación de una red sólida puede proporcionar apoyo, inspiración y oportunidades de crecimiento continuo.

Además, las redes sociales son una herramienta poderosa para el networking. Utilizar plataformas como Instagram, Twitter y LinkedIn para interactuar con otros creadores y profesionales del marketing puede facilitar la creación de conexiones significativas. Comentar en sus publicaciones, compartir su contenido y participar en conversaciones relevantes puede ayudar a establecer una presencia en la comunidad. No subestimes el poder de un simple mensaje directo; a menudo, es el primer paso hacia una colaboración exitosa.

Por último, es fundamental mantener una mentalidad abierta y estar dispuesto a aprender de los demás. Cada creador tiene su propio enfoque y estilo, lo que significa que siempre hay algo nuevo que descubrir. Al colaborar y hacer networking, no solo estás ampliando tu alcance, sino también tu conocimiento y habilidades. Esto no solo te ayudará a crecer como creador, sino que también contribuirá al crecimiento de la comunidad en general, fomentando un ambiente de apoyo y creatividad que beneficia a todos.

Promociones y sorteos efectivos

Las promociones y sorteos se han convertido en herramientas clave para los creadores de contenido que buscan aumentar su visibilidad y engagement en plataformas como Tiktok, Youtube e Instagram. Estas estrategias no solo atraen la atención del público, sino que también fomentan la interacción y la lealtad de los seguidores. Para que una promoción o sorteo sea efectivo, es fundamental definir claramente los objetivos y el público objetivo. Conocer a tu audiencia te permitirá diseñar una campaña que resuene con ellos, lo que aumentará las posibilidades de éxito.

Un aspecto esencial en la planificación de promociones y sorteos es la elección de los premios. Los obsequios deben ser atractivos y relevantes para tu nicho, ya que esto incentivará a los usuarios a participar. Por ejemplo, si tu contenido se centra en el marketing digital, ofrecer una suscripción a una herramienta de marketing o un libro sobre estrategias digitales puede ser muy efectivo. Además, la mecánica del sorteo debe ser clara y sencilla, asegurando que todos los participantes comprendan cómo pueden participar y qué deben hacer para aumentar sus probabilidades de ganar.

La promoción del sorteo también juega un papel crucial en su efectividad. Utiliza todas las plataformas disponibles para dar a conocer la campaña: publica en tus redes sociales, crea videos específicos explicando cómo participar y utiliza historias para recordar a tus seguidores sobre el sorteo. Colaborar con otros influencers o creadores de contenido puede amplificar el alcance de la promoción, permitiendo que más personas se enteren y participen. Asegúrate de utilizar hashtags relevantes y atractivos que faciliten la búsqueda de tu sorteo.

Una vez que el sorteo esté en marcha, es importante mantener la interacción con los participantes. Responde a sus comentarios, agradece su participación y considera compartir actualizaciones sobre la cantidad de personas que han entrado al sorteo. Esta interacción no solo aumenta el engagement, sino que también genera un sentido de comunidad entre tus seguidores. Además, podrías considerar realizar transmisiones en vivo para anunciar al ganador, lo que crea un evento emocionante y mantiene a tu audiencia comprometida.

Finalmente, después de concluir el sorteo, no olvides analizar los resultados. Evalúa el crecimiento en seguidores, la cantidad de interacciones y el impacto en tus métricas generales. Esta información te permitirá ajustar futuras promociones y sorteos, asegurando que se vuelvan cada vez más efectivos. Al aprender de cada experiencia, podrás perfeccionar tus estrategias de marketing y continuar construyendo una base de seguidores leales y entusiastas en tus plataformas.

Capítulo 7: Monetización del Contenido

Fuentes de ingresos para creadores

En el mundo digital actual, los creadores de contenido tienen múltiples fuentes de ingresos a su disposición. Estas oportunidades no solo les permiten monetizar su trabajo, sino que también pueden ayudarles a construir una marca personal sólida y a establecer relaciones significativas con su audiencia. Comprender las diferentes vías de ingresos es esencial para cualquier TikToker, YouTuber o freelancer de marketing que aspire a convertirse en un influencer exitoso.

Una de las fuentes de ingresos más comunes para los creadores es la publicidad. Plataformas como YouTube ofrecen programas de monetización que permiten a los creadores ganar dinero a través de anuncios que se muestran en sus videos. De igual manera, TikTok ha implementado el Fondo para Creadores, que recompensa a los usuarios en función del rendimiento de sus publicaciones. Aprovechar estas oportunidades publicitarias es fundamental, ya que no solo proporciona ingresos directos, sino que también aumenta la visibilidad del creador.

Otra vía de monetización son las colaboraciones y patrocinios con marcas. A medida que un creador gana seguidores, a menudo recibe propuestas de marcas que desean promocionar sus productos o servicios. Estas colaboraciones pueden ser muy lucrativas y ofrecer una forma de ingresos más estable. Sin embargo, es crucial que los creadores seleccionen marcas que se alineen con sus valores y audiencia, ya que la autenticidad es clave para mantener la confianza de sus seguidores.

El marketing de afiliación también se ha convertido en una fuente popular de ingresos para los creadores. A través de enlaces de afiliados, los creadores pueden ganar una comisión por cada venta realizada a través de su recomendación. Esta estrategia no solo beneficia al creador, sino que también ofrece a su audiencia productos que pueden interesarles. Es importante que los creadores sean transparentes sobre sus enlaces de afiliados, ya que esto fomenta una relación de confianza con sus seguidores y refuerza su credibilidad.

Finalmente, la creación de productos digitales, como cursos en línea, ebooks o merchandise, representa una oportunidad adicional de ingresos. Los creadores pueden compartir su experiencia y conocimientos a través de estos productos, lo que no solo diversifica sus fuentes de ingresos, sino que también les permite establecerse como expertos en su nicho. Al ofrecer valor a su audiencia, los creadores pueden generar ingresos sostenibles y, al mismo tiempo, fortalecer su marca personal. En resumen, explorar y diversificar las fuentes de ingresos es esencial para cualquier creador que busque prosperar en el competitivo mundo del marketing digital.

Creación de contenido patrocinado

La creación de contenido patrocinado se ha convertido en una estrategia fundamental para muchos creadores de contenido en plataformas como Tiktok, Youtube e Instagram. Esta práctica no solo permite a los influencers monetizar su trabajo, sino que también ofrece a las marcas una forma efectiva de llegar a audiencias específicas. Para los microinfluencers, que a menudo tienen una conexión más cercana con sus seguidores, el contenido patrocinado puede resultar especialmente valioso, ya que su autenticidad puede influir en las decisiones de compra de sus seguidores.

Al desarrollar contenido patrocinado, es crucial que los creadores mantengan su voz y estilo únicos. La audiencia de un influencer se siente atraída por su autenticidad, por lo que es fundamental que cualquier colaboración con marcas se alinee con los intereses y valores del creador. Esto no solo garantiza que el contenido sea bien recibido, sino que también ayuda a mantener la confianza y la lealtad de los seguidores. Las marcas buscan asociaciones que no solo promuevan sus productos, sino que también resuenen de manera genuina con la audiencia del influencer.

Una de las claves para una colaboración exitosa es la transparencia. Los seguidores aprecian cuando un creador es honesto acerca de las relaciones comerciales. Utilizar etiquetas como #ad o #patrocinado no solo es una práctica recomendada, sino que también cumple con las regulaciones de publicidad en muchas plataformas. Al comunicar claramente que se trata de contenido patrocinado, los creadores pueden fomentar una relación de confianza con su audiencia, lo cual es esencial para la sostenibilidad de su carrera.

Además, la planificación y la creatividad son esenciales en el proceso de creación de contenido patrocinado. Es recomendable que los creadores se tomen el tiempo para investigar y entender a la marca con la que están colaborando. Esto incluye conocer su misión, visión y valores, así como su público objetivo. Al integrar estos elementos en la narrativa del contenido, los influencers pueden crear propuestas que no solo informen, sino que también entretengan y conecten emocionalmente con su audiencia.

Finalmente, es importante medir el impacto del contenido patrocinado. Las métricas como el engagement, el número de vistas y el feedback de la audiencia son esenciales para evaluar la efectividad de la colaboración. Los creadores deben estar atentos a estas métricas para ajustar sus estrategias futuras y mejorar la calidad de las colaboraciones. Este enfoque no solo beneficiará a los creadores en su desarrollo profesional, sino que también permitirá a las marcas comprender mejor el retorno de inversión de sus campañas. En resumen, la creación de contenido patrocinado requiere una combinación de autenticidad, transparencia y estrategia para ser verdaderamente efectiva.

Implementación de programas de afiliados

La implementación de programas de afiliados se ha convertido en una estrategia clave para creadores de contenido en plataformas como Tiktok, Youtube e Instagram. Esta metodología no solo permite monetizar el contenido, sino que también ofrece a los creadores la oportunidad de colaborar con marcas que se alinean con su nicho y audiencia. En este contexto, es esencial comprender cómo funcionan los programas de afiliados y cómo se pueden integrar de manera efectiva en la estrategia general de marketing del creador.

Un programa de afiliados consiste en una relación comercial en la que un creador de contenido promociona productos o servicios de una marca a cambio de una comisión por cada venta realizada a través de su enlace de afiliado. Este modelo es beneficioso tanto para la marca como para el influencer: la marca amplía su alcance y el influencer genera ingresos pasivos. Para que esta colaboración sea exitosa, los creadores deben seleccionar cuidadosamente los productos que promocionan, asegurándose de que sean relevantes para su audiencia y que reflejen su autenticidad.

La clave para implementar un programa de afiliados efectivo radica en la transparencia. Los seguidores valoran la honestidad y la autenticidad, por lo que es fundamental que los creadores informen a su audiencia sobre su relación con las marcas. Esto no solo fortalece la confianza, sino que también mejora la percepción de la marca. Además, los creadores deben ser proactivos en la creación de contenido que muestre los productos de forma natural y atractiva, integrándolos en su narrativa habitual.

Otra estrategia importante es el uso de herramientas analíticas para medir el rendimiento de los enlaces de afiliados. Plataformas como Google Analytics, junto con las métricas proporcionadas por las redes sociales, pueden ofrecer información valiosa sobre qué tipo de contenido genera más conversiones. Al analizar estos datos, los creadores pueden ajustar sus enfoques y optimizar sus estrategias de promoción, asegurando que maximicen sus ingresos a través de los programas de afiliados.

Finalmente, construir relaciones sólidas con las marcas también es crucial para el éxito a largo plazo en el mundo de los programas de afiliados. Los creadores deben esforzarse por establecer conexiones auténticas y duraderas, lo que puede abrir la puerta a futuras colaboraciones y oportunidades. Al cultivar estas relaciones, no solo se incrementan las posibilidades de obtener mejores comisiones, sino que también se mejora la calidad del contenido producido, beneficiando tanto al creador como a su audiencia.

Capítulo 8: Ética y Responsabilidad del Influencer

Transparencia en las colaboraciones

La transparencia en las colaboraciones es un aspecto fundamental para cualquier creador de contenido que desee establecer una relación de confianza con su audiencia. En un entorno digital donde la autenticidad se valora más que nunca, los TikTokers, YouTubers y freelancers de marketing deben ser claros acerca de sus asociaciones comerciales. Esto no solo ayuda a construir credibilidad, sino que también protege a los creadores de posibles repercusiones legales o de reputación. La confianza se traduce en lealtad, y en el mundo del marketing de influencers, la lealtad de la audiencia puede ser un activo invaluable.

Un primer paso hacia la transparencia es la divulgación adecuada de las colaboraciones. Cuando un creador recibe compensación, productos gratuitos o cualquier forma de incentivo a cambio de promocionar una marca, es esencial que lo haga explícito. Esto no solo es una buena práctica ética, sino que también está respaldado por normativas de publicidad que exigen que los influencers declaren sus relaciones comerciales. Utilizar hashtags como #ad o #colaboración en las publicaciones es una manera efectiva de informar a la audiencia sin que se sienta engañada. La honestidad en estas interacciones no solo evita malentendidos, sino que también fortalece la conexión con los seguidores.

Además de la divulgación, es importante que los creadores seleccionen cuidadosamente las marcas con las que colaboran. La alineación entre los valores de la marca y los del creador es crucial. Cuando un influencer se asocia con una marca que no resuena con su audiencia o que contradice su mensaje personal, puede desencadenar una pérdida de credibilidad. Por lo tanto, es recomendable que los creadores investiguen y evalúen a fondo las marcas antes de aceptar una colaboración. Este enfoque no solo demuestra responsabilidad, sino que también permite a los creadores mantener su autenticidad en un mercado saturado.

La comunicación abierta con la audiencia también juega un papel vital en la transparencia. Los creadores deben fomentar un diálogo constante, donde los seguidores puedan expresar sus opiniones sobre las colaboraciones. Esto puede incluir la creación de encuestas, sesiones de preguntas y respuestas, o comentarios en las publicaciones. Al involucrar a la audiencia en el proceso, los creadores no solo muestran que valoran sus opiniones, sino que también pueden adaptar su enfoque en futuras colaboraciones según las expectativas y deseos de sus seguidores. Esta interacción mejora la relación entre el creador y su comunidad, creando un ambiente más participativo.

Por último, la transparencia en las colaboraciones no solo beneficia a los creadores, sino que también potencia a las marcas. Las empresas que trabajan con influencers que son abiertas y honestas en sus colaboraciones pueden beneficiarse de una imagen más positiva y de un mayor retorno de inversión. La autenticidad en las relaciones entre marcas e influencers se traduce en campañas más efectivas y en una mayor conexión con el público. En un mundo donde los consumidores son cada vez más escépticos, la transparencia se convierte en un diferenciador clave que puede establecer un camino exitoso tanto para los creadores como para las marcas en el ecosistema del marketing digital.

Impacto social y responsabilidad del creador

El fenómeno de las redes sociales ha transformado la manera en que nos comunicamos y consumimos contenido. TikTokers, youtubers y profesionales del marketing se han convertido en figuras influyentes que moldean la opinión pública y establecen tendencias. Sin embargo, este poder conlleva una responsabilidad significativa. Los creadores no solo deben enfocarse en generar contenido atractivo, sino que también deben ser conscientes del impacto social de sus acciones y mensajes. La forma en que se representan temas sensibles, promueven productos o interactúan con sus audiencias puede influir de manera profunda en la sociedad.

La responsabilidad del creador va más allá de simplemente entretener o informar. Cada publicación, video o campaña tiene el potencial de afectar la percepción pública sobre cuestiones que van desde la salud mental hasta la sostenibilidad. Los creadores deben ser conscientes de la diversidad de su audiencia y de cómo sus palabras pueden resonar de diferentes maneras. Por ejemplo, al abordar temas de salud o bienestar, es fundamental proporcionar información precisa y evitar glorificar comportamientos perjudiciales. Al hacerlo, los creadores pueden contribuir a una conversación más saludable y constructiva en sus plataformas.

Además, el impacto social de un creador se extiende a la promoción de productos y marcas. La ética en la publicidad es crucial; los influencers deben asegurarse de que los productos que promocionan sean auténticos y beneficiosos. La transparencia en el patrocinio y la honestidad en las recomendaciones fomentan la confianza de la audiencia. Cuando los creadores eligen asociarse con marcas que comparten sus valores, no solo fortalecen su propia credibilidad, sino que también pueden ayudar a promover prácticas de consumo responsables entre sus seguidores.

El compromiso social también puede manifestarse a través de la participación activa en causas relevantes. Muchos creadores utilizan sus plataformas para abogar por temas como la igualdad, el medio ambiente y la salud mental. Al hacerlo, no solo generan conciencia, sino que también inspiran a sus seguidores a involucrarse y tomar acciones. Este tipo de activismo puede ser poderoso, ya que moviliza a comunidades enteras en torno a causas importantes, mostrando que el entretenimiento y el impacto social pueden coexistir de manera efectiva.

Finalmente, los creadores emergentes deben recordar que su influencia es un recurso valioso que, si se usa correctamente, puede generar un cambio positivo. Al ser conscientes de su impacto social y asumir la responsabilidad de su contenido, pueden no solo construir una marca personal sólida, sino también contribuir a un entorno digital más saludable y responsable. En un mundo donde la información se propaga rápidamente, cada creador tiene la oportunidad de ser un agente de cambio, guiando a su audiencia hacia un futuro más consciente y comprometido.

Manejo de críticas y comentarios negativos

En el mundo digital, donde la interacción es constante y la visibilidad es crucial, los creadores de contenido como TikTokers, YouTubers y freelancers de marketing deben estar preparados para enfrentar críticas y comentarios negativos. Estos pueden surgir de diversas fuentes, desde seguidores descontentos hasta competidores que buscan desestabilizar. Es fundamental adoptar una mentalidad resiliente y aprender a gestionar estas situaciones de manera efectiva, ya que una respuesta adecuada puede incluso fortalecer la relación con la audiencia.

El primer paso para manejar las críticas es entender su naturaleza. No todas las críticas son destructivas; muchas pueden contener feedback valioso que puede ayudarte a mejorar tu contenido y estrategias. Es importante diferenciar entre comentarios constructivos y ataques personales. Al tomarte el tiempo para analizar el feedback, puedes identificar áreas en las que realmente necesitas mejorar, lo que te permitirá crecer como creador y ofrecer contenido más relevante y atractivo para tu audiencia.

Una vez que hayas identificado la crítica, es esencial responder de manera profesional y empática. La forma en que te enfrentas a los comentarios negativos puede tener un impacto significativo en la percepción de tu marca personal. Responder con calma y ofreciendo una solución o agradeciendo al comentarista por su opinión puede convertir una experiencia negativa en una oportunidad para demostrar tu compromiso con la calidad y la satisfacción de tu audiencia. Esto no solo te ayudará a gestionar la situación actual, sino que también puede generar una imagen positiva a largo plazo.

Además, es importante establecer límites claros sobre lo que consideras aceptable. Si bien la retroalimentación constructiva es valiosa, el acoso o los comentarios dañinos no deben ser tolerados. Tener una política de moderación en tus plataformas puede ayudarte a mantener un ambiente saludable para tu comunidad. Puedes optar por eliminar comentarios que crucen la línea o, en su defecto, bloquear usuarios que se comporten de manera tóxica. Esta acción no solo protege tu bienestar emocional, sino que también muestra a tu audiencia que valoras un ambiente de respeto y apoyo.

Finalmente, el manejo de críticas y comentarios negativos se convierte en una oportunidad para reflexionar y fortalecer tu autenticidad como creador. A medida que enfrentas desafíos, podrás construir una narrativa más robusta sobre tu experiencia, lo que a su vez puede resonar con tu audiencia. Compartir tus aprendizajes y cómo has superado las adversidades no solo humaniza tu marca, sino que también inspira a otros a manejar sus críticas de manera proactiva. En este camino hacia el éxito, cada crítica puede ser vista como un peldaño más hacia la consolidación de tu influencia en el mundo digital.

Capítulo 9: Herramientas y Recursos para Creadores

Software de edición y diseño

En la era digital actual, el contenido visual es fundamental para captar la atención de la audiencia. Para TikTokers, YouTubers y freelancers de marketing, contar con un software de edición y diseño adecuado puede marcar la diferencia entre un contenido mediocre y uno que realmente resuene con el público. Existen diversas herramientas que facilitan la creación de videos, gráficos y otros elementos visuales que son esenciales para el éxito en plataformas de redes sociales.

Una de las opciones más populares entre creadores de contenido es Adobe Premiere Pro. Este software de edición de video ofrece una amplia gama de funciones que permiten realizar desde cortes básicos hasta ediciones complejas. Su interfaz intuitiva y su capacidad para manejar múltiples formatos de video hacen que sea una elección preferida para aquellos que buscan un nivel profesional en su contenido. Además, la integración con otras aplicaciones de Adobe, como After Effects y Photoshop, permite crear contenido cohesivo y de alta calidad.

Para quienes buscan una opción más accesible, herramientas como Canva se han convertido en imprescindibles. Esta plataforma de diseño gráfico permite a los usuarios crear imágenes, infografías y presentaciones de manera fácil y rápida. Su interfaz de arrastrar y soltar y su amplia variedad de plantillas son ideales para microinfluencers que desean mantener una presencia visual atractiva sin la necesidad de habilidades avanzadas en diseño. Además, Canva ofrece recursos específicos para redes sociales, lo que facilita la creación de contenido adaptado a cada plataforma.

El software de edición de audio también juega un papel crucial en la producción de contenido de calidad. Programas como Audacity o Adobe Audition permiten a los creadores limpiar, mezclar y editar sus grabaciones de audio. La calidad del sonido es tan importante como la calidad visual; un video impresionante puede perder su impacto si el audio es deficiente. Por lo tanto, invertir tiempo en aprender a utilizar estas herramientas puede mejorar significativamente la percepción del contenido por parte de la audiencia.

Finalmente, es fundamental mencionar la importancia de mantenerse actualizado con las tendencias y nuevas herramientas emergentes. El mundo del marketing digital y la creación de contenido está en constante evolución, y los creadores deben estar dispuestos a adaptarse. Participar en webinars, seguir a líderes de la industria y experimentar con nuevas plataformas de edición y diseño puede ofrecer ventajas competitivas. La combinación de habilidades técnicas y creatividad es clave para destacarse en un entorno tan competitivo como el de los creadores de contenidos.

Herramientas de análisis y seguimiento

En el mundo digital actual, la capacidad de medir y analizar el rendimiento de nuestras estrategias de marketing es fundamental para el éxito. Para TikTokers, YouTubers y freelancers de marketing, contar con herramientas adecuadas de análisis y seguimiento permite tomar decisiones informadas que pueden optimizar su contenido y aumentar su audiencia. Estas herramientas no solo ayudan a entender cómo se está desempeñando el contenido, sino que también ofrecen información valiosa sobre el comportamiento y las preferencias de la audiencia.

Una de las herramientas más populares es Google Analytics, que permite a los creadores de contenido rastrear el tráfico de su sitio web y las interacciones de los usuarios. Aunque su uso es más común para blogs y sitios web, los creadores pueden integrar sus plataformas de contenido con Google Analytics para obtener un panorama más completo de su audiencia. Al analizar datos como el tiempo que los usuarios pasan en sus páginas o las tasas de conversión, los influencers pueden ajustar su contenido para alinearse mejor con los intereses de su público.

Otra herramienta esencial para los creadores de contenidos es Social Blade, que proporciona estadísticas detalladas sobre el crecimiento de los seguidores, el rendimiento de los videos y las estimaciones de ingresos. Esta plataforma es especialmente útil para los creadores que buscan comparar su rendimiento con otros en su nicho. Al observar patrones de crecimiento y éxito en otros creadores, pueden identificar estrategias que podrían funcionar para ellos y así mejorar su propia presencia digital.

Las plataformas de gestión de redes sociales, como Hootsuite o Buffer, también son clave para el seguimiento de métricas. Estas herramientas permiten programar publicaciones, pero también ofrecen análisis sobre el engagement y la efectividad de cada publicación. Con estos datos, los creadores pueden experimentar con diferentes horarios y tipos de contenido, lo que les permitirá descubrir qué resuena mejor con su audiencia. Esta información es invaluable para los microinfluencers que buscan maximizar su impacto sin contar con los recursos de los grandes nombres de la industria.

Finalmente, es importante mencionar la relevancia de las herramientas de escucha social, como Brandwatch o Mention. Estas plataformas permiten monitorizar menciones de marca y tendencias en tiempo real, lo que ayuda a los creadores a mantenerse al día con lo que se dice sobre ellos y su contenido. Al comprender mejor la percepción de su marca, pueden ajustar su estrategia de marketing y contenido, asegurando que su mensaje resuene con su audiencia y se mantenga relevante en un entorno digital en constante cambio. En resumen, el uso adecuado de herramientas de análisis y seguimiento es esencial para cualquier creador emergente que busque destacar en el competitivo mundo del marketing digital.

Recursos para formación continua

En el mundo del marketing digital y las redes sociales, la formación continua es esencial para mantenerse relevante y competitivo. Para los creadores de contenido, ya sean TikTokers, YouTubers o freelancers de marketing, comprender las tendencias emergentes y las mejores prácticas es crucial. Existen múltiples recursos disponibles para facilitar este aprendizaje, desde cursos en línea hasta comunidades de práctica, que pueden ayudar a los profesionales a perfeccionar sus habilidades y ampliar su conocimiento en el ámbito del marketing y la influencia.

Los cursos en línea han revolucionado la manera en que los creadores de contenido adquieren nuevas habilidades. Plataformas como Coursera, Udemy y Domestika ofrecen una amplia gama de programas específicos en marketing digital, redes sociales y creación de contenido. Estos cursos son impartidos por expertos de la industria y permiten a los participantes aprender a su propio ritmo. Además, muchos de estos cursos ofrecen certificados que pueden ser valiosos para mejorar un currículum o perfil profesional en plataformas como LinkedIn.

Además de los cursos en línea, los seminarios web y talleres en vivo son recursos valiosos. A menudo, estas sesiones son interactivas y permiten a los participantes hacer preguntas y recibir retroalimentación en tiempo real. Organizaciones que se especializan en marketing digital, como HubSpot y SEMrush, frecuentemente organizan eventos y seminarios que abordan temas específicos como SEO, marketing de contenidos y estrategias para microinfluencers. Participar en estos eventos no solo brinda conocimiento, sino que también ofrece la oportunidad de establecer conexiones con otros profesionales del sector.

Las comunidades en línea son otro recurso fundamental para los creadores que buscan mejorar sus habilidades. Plataformas como Reddit, Discord y grupos de Facebook están llenas de profesionales que comparten consejos, estrategias y experiencias. Estas comunidades pueden ser una fuente inestimable de apoyo y motivación, así como una forma de mantenerse al tanto de las últimas tendencias y cambios en las plataformas de redes sociales. Formar parte de estas comunidades puede abrir la puerta a colaboraciones y oportunidades laborales que de otro modo serían inaccesibles.

Finalmente, los libros y blogs especializados son recursos que no deben ser subestimados. Existen numerosas publicaciones que abordan el marketing digital, la creación de contenido y el desarrollo personal. Leer libros de autores reconocidos en el ámbito puede proporcionar perspectivas profundas y estrategias comprobadas. Además, seguir blogs de expertos en marketing y redes sociales permite a los creadores acceder a información actualizada y consejos prácticos en tiempo real. Combinar estos recursos con la formación práctica y la interacción con otros profesionales garantiza un crecimiento continuo y sostenible en el competitivo mundo del marketing digital.

Capítulo 10: Futuro del Influencer Marketing

Tendencias emergentes en el marketing digital

El marketing digital está en constante evolución, y con el auge de plataformas como Tiktok, Youtube e Instagram, las tendencias emergentes están redefiniendo cómo los creadores de contenido y los marketers se conectan con sus audiencias. Una de las tendencias más significativas es el auge del contenido efímero. Plataformas como Instagram y Snapchat han popularizado las historias temporales, y ahora TikTok también está incorporando elementos similares. Este tipo de contenido crea una sensación de urgencia y exclusividad, lo que puede aumentar la interacción y la participación del público. Para los microinfluencers, aprovechar el contenido efímero puede ser una estrategia efectiva para mantener a su audiencia comprometida y ansiosa por más.

Otra tendencia emergente es la personalización del contenido. Los algoritmos de las plataformas sociales están diseñados para ofrecer a los usuarios experiencias personalizadas, lo que significa que los creadores deben adaptar su contenido para resonar con sus audiencias específicas. Esto implica no solo conocer bien a su público objetivo, sino también experimentar con diferentes formatos y estilos. Los microinfluencers, en particular, pueden beneficiarse de una conexión más cercana y auténtica con su audiencia, utilizando encuestas, preguntas y otras herramientas interactivas para recibir retroalimentación directa y ajustar su enfoque.

Además, el marketing de influencia sigue ganando terreno como una estrategia clave en el marketing digital. A medida que las marcas buscan formas más auténticas de conectarse con los consumidores, los microinfluencers se han convertido en socios valiosos. Su capacidad para conectar con nichos de mercado específicos y crear contenido auténtico que resuene con sus seguidores les otorga una ventaja competitiva. Las colaboraciones entre marcas y microinfluencers no solo son más económicas, sino que también tienden a generar un mayor retorno de inversión, lo que las convierte en una tendencia que seguramente continuará creciendo.

La integración de herramientas de inteligencia artificial (IA) en las estrategias de marketing digital también está en aumento. La IA puede ayudar a los creadores de contenido a analizar datos sobre su audiencia, optimizar el rendimiento de las publicaciones y personalizar recomendaciones. Desde chatbots que interactúan con los seguidores hasta algoritmos que sugieren contenido relevante, la IA está transformando la manera en que los creadores pueden gestionar su presencia en línea. Para los creadores de contenidos, adoptar estas tecnologías puede facilitar la creación de contenido más efectivo y dirigido, mejorando su capacidad para atraer y retener seguidores.

Por último, la sostenibilidad y la responsabilidad social están emergiendo como factores cruciales en el marketing digital. Los consumidores, especialmente las generaciones más jóvenes, valoran cada vez más las marcas que demuestran un compromiso genuino con causas sociales y ambientales. Para los microinfluencers, esto representa una oportunidad para alinear sus valores personales con los de su audiencia y las marcas con las que colaboran. Al promover productos y servicios que reflejen un compromiso con la sostenibilidad, los creadores no solo pueden fortalecer su conexión con su audiencia, sino también contribuir a un cambio positivo en la industria.

La evolución de las plataformas sociales

La evolución de las plataformas sociales ha transformado radicalmente la manera en que los creadores de contenido interactúan con sus audiencias y cómo se desarrollan las estrategias de marketing. Desde la aparición de las primeras redes sociales hasta la sofisticación de plataformas como Tiktok, Youtube e Instagram, cada etapa ha traído consigo nuevas oportunidades y desafíos. En este contexto, es fundamental que los creadores emergentes entiendan no solo la historia de estas plataformas, sino también cómo han influido en el comportamiento de los consumidores y en las dinámicas del marketing digital.

Las redes sociales comenzaron a ganar popularidad en la década de 2000 con la llegada de plataformas como Facebook y MySpace. En sus inicios, estas redes se centraban en la conexión entre amigos y la compartición de contenido personal. Sin embargo, a medida que la tecnología avanzaba y el acceso a Internet se volvía más universal, las plataformas comenzaron a evolucionar hacia espacios más orientados al contenido. YouTube, lanzado en 2005, marcó un hito al permitir a los usuarios subir y compartir videos, lo que abrió la puerta a una nueva era de creadores de contenido y, por ende, a estrategias de marketing digital enfocadas en el video.

Con el tiempo, la aparición de nuevas plataformas como Instagram y Snapchat introdujo el concepto de contenido visual efímero. Estas redes sociales no solo cambiaron la forma en que los usuarios consumen contenido, sino que también dieron origen a una nueva clase de influencers. Los microinfluencers, en particular, comenzaron a destacar debido a su capacidad para generar conexiones auténticas con sus seguidores. Esto llevó a las marcas a reconocer el valor de colaborar con creadores que, aunque tienen audiencias más pequeñas, generan una mayor tasa de engagement y confianza entre sus seguidores.

Hoy en día, TikTok ha revolucionado una vez más el panorama de las plataformas sociales. Su formato de video corto y dinámico ha capturado la atención de audiencias globales, especialmente de las generaciones más jóvenes. Para los creadores de contenido y los freelancers de marketing, TikTok presenta una serie de desafíos y oportunidades únicas. Las tendencias virales pueden cambiar en cuestión de días, lo que exige que los creadores sean ágiles y estén siempre al tanto de lo que está funcionando. Además, la plataforma ha desarrollado herramientas específicas para facilitar la monetización, lo que permite a los creadores diversificar sus fuentes de ingresos.

En este entorno en constante evolución, es crucial que los TikTokers, YouTubers y profesionales del marketing se mantengan informados sobre las tendencias emergentes y las mejores prácticas. Comprender cómo ha evolucionado el ecosistema de las redes sociales no solo ayuda a los creadores a adaptarse, sino que también les permite anticipar cambios y aprovechar nuevas oportunidades. A medida que las plataformas continúan desarrollándose, el conocimiento de su historia y evolución se convertirá en una herramienta invaluable para aquellos que buscan convertirse en influencers exitosos en el competitivo mundo del marketing digital.

Preparándose para los cambios en la industria

La industria del marketing digital y la creación de contenido está en constante evolución, lo que representa tanto oportunidades como desafíos para los creadores emergentes. TikTokers, youtubers y freelancers de marketing deben estar preparados para adaptarse a las tendencias y cambios que surgen con rapidez. Esto implica no solo estar al tanto de las novedades en las plataformas, sino también entender cómo estas modificaciones pueden afectar sus estrategias y su relación con la audiencia. La capacidad de adaptación es clave para sobrevivir y prosperar en un entorno tan dinámico.

Uno de los cambios más significativos en la industria es la forma en que las plataformas priorizan el contenido. Algoritmos en constante actualización determinan qué tipo de contenido se muestra a los usuarios, lo que significa que los creadores deben experimentar y ajustar sus enfoques regularmente. Por ejemplo, la popularidad de los videos cortos en TikTok ha llevado a muchos youtubers a expandir su contenido hacia este formato, buscando captar la atención de una audiencia más amplia. La versatilidad en los formatos de contenido se ha convertido en una herramienta esencial para mantenerse relevante.

Adicionalmente, los cambios en la política de monetización de las plataformas también pueden impactar directamente en los ingresos de los creadores. Es fundamental que creadores de contenidos se mantengan informados sobre las nuevas políticas y oportunidades que surgen. Esto no solo implica conocer las reglas, sino también comprender cómo diversificar sus fuentes de ingresos. La colaboración con marcas, la creación de contenido patrocinado y el uso de plataformas de crowdfunding son algunas de las estrategias que pueden complementar los ingresos de los creadores y ofrecer una mayor estabilidad financiera.

La audiencia también está en constante evolución, lo que significa que los creadores deben estar atentos a las preferencias y necesidades de sus seguidores. Realizar encuestas, analizar métricas y mantener una comunicación abierta puede proporcionar valiosa información sobre lo que realmente interesa a la audiencia. Esta retroalimentación es crucial para ajustar el contenido y asegurarse de que sigue siendo relevante. Además, construir una comunidad sólida puede ser un factor diferenciador en un panorama lleno de competencia.

Finalmente, prepararse para los cambios en la industria requiere una mentalidad proactiva. Asistir a conferencias, participar en foros de discusión y seguir a expertos en marketing digital puede ofrecer perspectivas valiosas sobre las tendencias emergentes. La educación continua es vital para cualquier creador que desee mantenerse a la vanguardia. Al adoptar una actitud de aprendizaje constante y adaptabilidad, los TikTokers, youtubers y freelancers de marketing pueden no solo sobrevivir, sino también prosperar en un mundo en constante cambio.

www.ingramcontent.com/pod-product-compliance
Lightning Source LLC
Chambersburg PA
CBHW070414230526
45471CB00006B/2796